EXPOSÉ

DE LA

QUESTION D'ORIENT

Dégagée de tous les Faux Bruits

ET ENVISAGÉE SOUS SON VÉRITABLE JOUR.

AU POINT DE VUE POLITIQUE ET AU POINT DE VUE MILITAIRE.

PRIX : 30 CENT.

PARIS,

IMPRIMERIE ET LIBRAIRIE MILITAIRES DE **BLOT**,
58, quai de la Grève, près de l'Hôtel de Ville.

1854.

COMMENT FINIRA LA GUERRE.

IMPERIAL
TIMBRE
5 cent

COMMENT FINIRA LA GUERRE.

EXPOSÉ

DE LA

QUESTION D'ORIENT

Dégagée de tous les Faux Bruits

ET ENVISAGÉE SOUS SON VÉRITABLE JOUR,

AU POINT DE VUE POLITIQUE ET AU POINT DE VUE MILITAIRE.

PARIS,

IMPRIMERIE ET LIBRAIRIE MILITAIRES DE **BLOT**,

58, quai de la Grève, près de l'Hôtel de Ville.

—

1854.

Paris. — Typ. BEAULÉ et Cⁱᵉ, rue Jacques de Bresse, 18.

COMMENT FINIRA LA GUERRE.

EXPOSÉ DE LA QUESTION D'ORIENT.

POINT DE VUE POLITIQUE.

> Peuples, formons une sainte alliance
> Et donnons-nous la main.
>
> BÉRANGER.

Il fut un temps où les peuples s'entredéchiraient selon le caprice ou le bon plaisir des puissants de la terre;—témoin ce lambeau d'une chanson d'autrefois, que la tradition militaire a apporté jusqu'à nous, et que les vieux soldats de l'ancien régime, qui servaient sous l'Empire, répétaient encore aux échos de nos casernes :

> La souveraine du Brabant
> Prétendait avec hardiesse
> Avoir le pied plus élégant
> Que le pied d'une autre princesse.

Pour soutenir des droits si beaux,
On aligna, la chose est claire,
Cent mille hommes sous les drapeaux...
Avez-vous jamais vu la guerre ?

A une époque plus rapprochée de nous, nous avons vu des guerres politiques et des guerres de principes :—Les uns défendaient la liberté naissante, les autres voulaient l'étouffer dans son berceau.

Aujourd'hui, au beau milieu de ce dix-neuvième siècle,—que l'on dit être un siècle de progrès et de lumières,—le fléau de la guerre va se déchaîner sur le monde, parce que la barbarie veut dominer la civilisation. L'empereur de Russie poussé par l'ambition originelle des chefs de sa race, prétend s'adjuger l'héritage stipulé dans l'inique testament de Pierre Ier, son aïeul, et, pour y parvenir, il cache sous le manteau de la religion le joug qu'il prépare aux peuples de la terre. Sa bouche ose invoquer le Christ, dont la parole divine prêchait aux hommes la paix et la charité, au moment même où son idée fixe est de réaliser un rêve audacieux et impie, au prix du sang et des larmes de l'humanité.

Deux rôles principaux se dessinent dans le grand drame dont la mise en scène a lieu en ce moment, et dont l'Orient va être le théâtre :—L'un excite la

sympathie de l'Europe, l'autre son indignation.—
L'héritier d'une couronne tombée du front d'un
frère empoisonné, qui l'avait lui-même ramassée
dans le sang d'un père assassiné par les siens, au
milieu de son palais, a choisi le rôle odieux :—celui
de spoliateur du faible, de contempteur du droit et
de la justice, et, pour le remplir jusqu'au bout, il
jettera le masque et bravera, s'il le faut, les impré-
cations de l'univers. Les rois eux-mêmes qui s'é-
taient habitués à voir en lui le plus ferme appui de
l'ordre social, seront obligés de lui crier anathême,
en le voyant s'acharner à une guerre dont les ha-
sards, les complications et l'imprévu pourront rani-
mer au cœur des partis extrêmes, vaincus mais non
détruits, des espérances abandonnées ou du moins
profondément affaiblies.

La France et l'Angleterre, unies comme deux
sœurs et se tenant par la main, ont choisi le rôle
d'honneur, et, appuyées l'une sur l'autre, elles s'en
acquitteront avec succès aux applaudissements de
l'humanité. La première est représentée par un
prince dont le nom a rempli le monde et que les
nations étonnées avaient vu avec une sorte d'anxiété
investi par les suffrages de tout un peuple d'un glorieux héritage ; mais qui, philosophe couronné,

proclama l'empire de la paix le jour même où la France remit en ses mains un drapeau aimé de la victoire. Depuis lors, la sagesse et la modération de ce prince ne se sont jamais démenties, et, tout récemment encore, dans une circonstance solennelle, il a prononcé ces nobles paroles qui ont eu de l'écho dans le cœur de tous les amis de la paix et du progrès social : — « Le temps des conquêtes est passé sans » retour ; car ce n'est pas en reculant les limites » de son territoire qu'une nation peut désormais être » honorée et puissante, c'est en se mettant à la » tête des idées généreuses, en faisant prévaloir » partout l'empire du droit et de la justice. »

Tel est le programme de Napoléon III, programme loyal comme la nation qui se personnifie en lui. Voyons maintenant quel est celui de l'empereur Nicolas, et pour édifier les rares esprits qui pourraient encore être prévenus en sa faveur, aussi bien que ceux qui verraient ses projets avec indifférence, citons un document historique, œuvre d'insigne perfidie, qui explique clairement sa conduite et les trompeuses assurances qu'il prodiguait naguère encore à toutes les chancelleries de l'Europe, pour essayer de masquer ses desseins d'envahissement et de domination. Ce document, dit l'auteur des *Lettres slaves*, est la base et le code suprême de la politique russe depuis Pierre Ier. Il fut remis confidentiellement aux mains de l'abbé de Bernis, ministre des affaires étrangères, en 1757, et communiqué à Louis XV lui-même. Un exemplaire s'en trouve aussi dans les archives de l'Empire français; l'original est déposé dans celles du palais de Pétershoff, près Saint-Pétersbourg.

TESTAMENT DU CZAR PIERRE Ier.

CONSIDÉRATIONS PRÉLIMINAIRES.

« Au nom de la très-sainte et indivisible Trinité, nous Pierre Ier, empereur et autocrate de toutes les Russies, etc., à tous nos descendants et successeurs au trône et gouvernement de la nation russienne.

» Le grand Dieu, de qui nous tenons notre existence et notre couronne, nous ayant constamment éclairé de ses lumières et soutenu de son divin appui, me permet de regarder le peuple russe comme appelé par l'avenir à la *domination générale de l'Europe.*

Je fonde cette pensée sur ce que les nations européennes sont arrivées pour la plupart à un état de vieillesse voisin de la caducité, ou qu'elles y marchent à grands pas. Il s'en suit donc qu'elles doivent être *facilement* et *indubitablement* conquises par un peuple jeune et neuf, quand ce dernier aura atteint toute sa force et toute sa croissance.

» Je regarde l'invasion future des pays de l'occident et de l'Orient par le Nord comme un mouvement périodique arrêté dans les desseins de la Providence, qui a ainsi régénéré le peuple romain par l'invasion des barbares. Ces émigrations des hommes polaires sont comme le reflux du Nil, qui, à certaines époques, vient engraisser de son limon les terres amaigries de l'Egypte. J'ai trouvé la Russie *rivière*, je la laisse *fleuve* ; mes successeurs en feront une *grande mer* destinée à fertiliser l'Europe appauvrie, et ses flots déborderont, malgré toutes les digues que des mains affaiblies pourront leur opposer, si nos descendants savent en diriger le cours. C'est pourquoi je leur laisse les enseignements suivants : je les recommande à leur attention et à leur observation constante, de même que Moïse avait recommandé les tables de la loi au peuple juif.

I.

» Maintenir la nation russienne dans un état de *guerre continuelle*, pour tenir le soldat sous les armes et toujours en haleine : ne le laisser reposer que pour améliorer les finances de l'Etat, refaire les troupes et choisir les moments opportuns pour l'attaque. Faire ainsi servir la paix à la guerre et la guerre à la paix, dans l'intérêt de l'agrandissement et de la prospérité croissante de la Russie.

II.

» Appeler par tous les moyens possibles, de chez les peuples instruits de l'Europe, des capitaines pendant la guerre et des savants pendant la paix, pour faire profiter la nation russienne des avantages des autres pays, sans lui faire rien perdre des siens propres.

III.

» Prendre part, en toute occasion, aux affaires et démêlés quelconques de l'Europe, et surtout à ceux de l'Allemagne, qui, plus rapprochée, intéresse plus directement.

IV.

» Diviser la Pologne, en y fomentant le trouble et les discordes civiles ; gagner la haute noblesse à prix d'or ; influencer les diètes, *les corrompre,* afin d'avoir action sur les élections des rois ; y faire entrer et séjourner les troupes moskovites jusqu'à l'occasion de s'y établir définitivement. Si les puissances voisines opposaient quelques difficultés, les apaiser momentanément en morcelant le pays, *jusqu'à ce qu'on puisse reprendre en détail tout ce qui aura été donné.*

V.

» *Prendre le plus qu'on pourra de la Suède*, et savoir se faire attaquer par elle *pour avoir le prétexte de la subjuguer*. A cet effet, isoler le Danemark de la Suède et la Suède du Danemark, et entretenir avec soin leurs rivalités.

VI.

» Prendre toujours les épouses des princes russes parmi les princesses de l'Allemagne, pour multiplier les alliances de famille, rapprocher les intérêts, et unir d'elle-même l'Allemagne à notre cause, en y propageant nos principes.

VII.

» Rechercher de préférence l'alliance commerciale de l'Angleterre, cette puissance ayant, plus que toute autre, besoin de nous pour sa marine, et pouvant être la plus utile au développement de la nôtre. Echanger nos bois et nos matières premières contre son or, et établir entre ses marchands, ses matelots et les nôtres, des rapports continuels qui formeront les flottes russiennes à la navigation et au commerce.

VIII.

» S'étendre sans relâche vers le nord, le long de la Baltique, ainsi que vers le sud, le long de la mer Noire.

IX.

» *Approcher le plus possible de Constantinople et des Indes.* CELUI QUI Y RÉGNERA SERA LE VRAI SOUVERAIN DU MONDE.

» Susciter des guerres continuelles tantôt au Turc, tantôt à la Perse ; établir des chantiers sur la mer Noire ; s'emparer peu à peu de cette mer, ainsi que de la Baltique, *ce double point étant nécessaire à la réussite du projet.* Hâter la décadence de la Perse, pénétrer jusqu'au golfe Persique : rétablir, si c'est possible, par la Syrie, l'ancien commerce du Levant, *et avancer jusqu'aux Indes,* qui sont l'entrepôt du monde.

» Une fois là, on pourra se passer de l'or de l'Angleterre.

X.

» Rechercher et entretenir avec soin l'alliance de l'Autriche ; favoriser, en apparence, ses idées de domination sur l'Allemagne, et exciter contre elle, en sous main, la jalousie des provinces.

» Tâcher de faire réclamer l'intervention de la Russie par les uns et par les autres, en exerçant sur le pays une espèce de tutelle qui prépare la domidation future.

XI.

» Intéresser la maison d'Autriche à chasser le Turc de l'Europe, et *la frustrer de sa part de butin, lors de la conquête de Constantinople,* soit en lui suscitant une guerre avec les anciens États de l'Europe, — soit en lui donnant une portion de la conquête, — *que l'on reprendra plus tard.*

XII.

S'attacher et réunir autour de soi tous les Grecs unis et désunis ou schismatiques, qui sont répandus soit dans la Hongrie, soit dans la Turquie, soit dans le midi de la Pologne ; se faire leur centre, leur appui, et fonder d'avance *une suprématie universelle par une sorte de royauté ou de domination sacerdotale.* Les Grecs-Slaves seront autant d'amis que l'on aura chez chacun de ses ennemis.

XIII.

» La Suède démembrée, la Perse vaincue, la Pologne subjuguée, la Turquie conquise ; nos armées réunies, la mer noire et la Baltique gardées par nos vaisseaux, *il faudra proposer séparément et très-discrètement, d'abord à la cour de Versailles, puis à celle de Vienne, de partager avec elles l'Empire de l'univers.*

» Si l'une des deux accepte, ce qui ne peut manquer pour peu que l'on flatte leur orgueil et leur ambition, se servir d'elle pour écraser l'autre ; puis écraser à son tour celle qui survivra, en engageant avec elle une lutte à mort dont l'issue ne saurait être douteuse, la Russie possédant déjà en propre tout l'Orient et une grande partie de l'Europe.

XIV.

« Si, ce qui n'est guère probable, toutes deux refusent *l'offre de la Russie*, il faudrait savoir leur susciter des querelles et les faire s'épuiser l'une par l'autre. Alors, profitant d'un moment décisif, la Russie ferait fondre ses troupes rassemblées d'avance sur l'Allemagne, en même temps que deux flottes considérables partiraient, l'une de la mer d'Azof, l'autre du port d'Archangel, chargées de hordes asiatiques, sous le convoi des flottes armées de la mer Noire et de la Baltique.

» S'avançant par la Méditerrannée et par l'Océan, elles inonderaient la France d'un côté, tandis que l'Allemagne le serait de l'autre ; et ces deux contrées vaincues, le reste de l'Europe passerait facilement, et sans coup férir, sous le joug.

XV.

« AINSI PEUT ET DOIT ÊTRE SUBJUGUÉE L'EUROPE !

PIERRE Ier,
« Autocrate de toutes les Russies. »

Tel est le programme de Pierre Ier. — Or, il suffit de lire ce document historique et de le comparer à ce qui se passe sous nos yeux, depuis que la question d'Orient soulevée par la Russie est venue troubler la paix du monde, pour se convaincre qu'il est aussi celui de l'empereur Nicolas, qui a calqué sur ce modèle sa politique à deux tranchants, et qui l'a comme tordu pour en exprimer l'astucieuse déloyauté de sa diplomatie.

Que de mystères dévoilés, que de secrets percés à jour par l'esprit machiavélique et la lettre brutale de ce programme à la tartare, dont la fin avouée est de lâcher sur les plaines de l'Allemagne et de la France des hordes asiatiques, qui les inonderaient comme un torrent dévastateur, afin que ces deux contrées vaincues, *le reste de l'Europe pût facilement et sans coup férir passer sous le joug !*

Que l'orthodoxie (1) de Nicolas *craignant Dieu* est

(1) Orthodoxie, signifie : — conformité à la saine et droite opinion en matière de religion, — et Nicolas est schismatique ! il est le Grand Prêtre du Christianisme abâtardi de Photius. C'est-à-dire que le culte dont il cherche à faire l'instrument de son ambition, est à la foi primitive ce que l'erreur est à la raison, ce que le mensonge est à la vérité. — Si le Czar triomphait (ce qu'à Dieu ne plaise), l'Europe deviendrait esclave corps et âme ; — elle aurait à subir un joug politique et un joug religieux.

hypocrite, et que les jérémiades de M. de Nesserolde sont monotones, à côté de cette esquisse à coups de sabre de la véritable politique moskovite!

Quoi qu'il en soit, c'est pour se conformer aux savantes leçons politiques de Pierre Ier, c'est pour aspirer au suprême honneur de devenir son exécuteur testamentaire, en subjuguant l'Europe, que l'empereur Nicolas a fait proposer *séparément et très-discrétement* à l'Autriche de lui livrer la Bosnie et les rives de l'Adriatique ; à l'Angleterre de lui abandonner Candie et l'Egypte ; à la France de tailler à son gré dans les provinces de l'Allemagne et de la Prusse ; à la Grèce de lui donner l'Épire, la Macédoine et la Thessalie ; — le tout à la condition expresse de laisser l'aigle do Russie s'abattre sur Constantinople, la proie riche et enviée que son œil de sang convoite, et qu'il brûle de tenir dans ses serres.

Une fois ce gage précieux obtenu et cette position dominante occupée, l'autocrate se chargerait de se faire à lui-même la part du lion en *frustrant les autres du butin qui leur aurait été attribué avant la conquête*, pour montrer un appât à leur ambition, et pour tendre un piége à leur crédulité.

Grâce à Dieu la lumière que le testament de

Pierre Ier avait commencé à faire jaillir, les notes confidentielles échangées entre l'empereur Nicolas et les chancelleries dans lesquelles il a fait colporter ses insidieuses propositions, ont achevé de la répandre. Aujourd'hui l'Europe est complétement édifiée sur le sort avilissant et misérable qui lui serait réservé, si, par impossible, la fortune des combats donnait la victoire au tyran de toutes les Russies.

Nous ne faisons pas aux hommes de parti l'injure de croire qu'ils puissent espérer une compensation aux désastres et à l'humiliation de la patrie dans le triomphe imaginaire de leur foi politique ; — nous ne faisons pas même de réserve à cet égard pour ceux qu'en d'autres circonstances nous avons vus prétendre *qu'il fallait se résigner à passer la mer Rouge pour arriver en Terre Sainte ;* — mais à supposer que cet espoir existât dans le cœur de quelques-uns, ce serait là une illusion funeste qu'ils paieraient cruellement cher, et que la réalité, — une réalité terrible, — ne tarderait pas à détruire, si la barbarie triomphante arborait son drapeau sauvage sur les ruines de la civilisation. En se ruant au massacre et au pillage, la meute abrutie des esclaves de l'autocrate ne distinguerait pas les cocardes : — elle ne verrait qne des vaincus et ne chercherait que des victimes.

C'est pourquoi les hommes d'intelligence et de cœur de tous les partis sont intéressés à contribuer par tous les moyens en leur pouvoir à l'insuccès des tentatives de l'ennemi commun. Des nations autrefois divisées et rivales se sont alliées pour le combattre : à plus forte raison les enfants d'une même patrie s'uniront loyalement, eux aussi, et tous mêleront leur voix au grand concert des peuples, qui, pour assurer le salut de la civilisation audacieusement menacée, répètent en ce moment avec le poète national de la France :

> « Peuples, formons une sainte alliance
> Et donnons-nous la main. »

POINT DE VUE MILITAIRE.

La France est un soldat.

CHATEAUBRIANT.

La guerre qui va éclater sur terre et sur mer entre la Russie, d'une part, et les puissances occidentales unies à la Turquie, de l'autre, se terminera infailliblement par le triomphe de celles-ci.

Ce résultat nous apparaît si évident, que si une chose au monde était capable de nous étonner, ce serait que la probabilité du résultat contraire pût être soutenue par des esprits sérieux, habitués à approfondir les questions graves, au lieu de n'en considérer que la superficie, et à fonder leur jugement sur des faits, au lieu de l'appuyer sur la rumeur publique, si souvent trompeuse en pareil cas, fourvoyée qu'elle est elle-même par mille bruits contradictoires.

Qu'une crédulité vulgaire, plus ou moins sincère chez les uns, plus ou moins feinte ou calculée chez

les autres, accueille et propage les alarmes fac-
tices que la spéculation invente et exploite à seule
fin d'acheter à vil prix de la rente que bientôt elle
revendra fort cher ; que la malveillance accrédite
les faux bruits qui se répandent, ou que le désir
puéril de raconter du merveilleux les exagère, cela
n'a rien de bien surprenant ; mais que quiconque
réfléchit avec calme et examine de bonne foi, se
laisse gagner et entraîner par le courant des nou-
velles impossibles, des suppositions à perte de vue
et des commentaires fabuleux qui se débitent à
tort et à travers, voilà ce que l'on ne peut comprendre.

La Russie sera vaincue parce qu'il lui est impossible de résister aux forces physiques et morales
qui lui sont opposées, voilà ce qu'il y a d'essentiellement positif.

Mais, entendons-nous dire, la France luttant seule
contre l'Europe, a bien été victorieuse autrefois ;
pourquoi la Russie, plus puissante, peut-être, ne le
serait-elle pas à son tour ? — *Plus puissante* est une
erreur et nous le démontrerons tout à l'heure. Oui,
la France a tenu en échec les armées réunies de
l'Europe, oui, elle a remporté sur elles des victoires
éclatantes ; mais la France a une âme et la Russie

n'a qu'un corps ; et ce corps est composé de membres disparates qui paralysent son action , parce qu'ils sont unis par la violence et ne tendent qu'à se disjoindre. — Au temps de leurs triomphes immortels, les armées de la République et de l'Empire étaient animées par l'amour de la liberté, de la gloire et de la patrie, trois mobiles puissants, capables de soulever le monde, mais qu'une troupe de soldats esclaves ne peut ni ressentir ni comprendre. — Si la nature a déposé dans leur cœur le germe de ces instincts généreux, le knout abrutissant l'y a étouffé.

Loin de nous, toutefois, la pensée de contester la bravoure du soldat russe ; s'il n'a pas le fanatisme de la liberté ou de la gloire, il en a un autre, peut-être. La bravoure sous l'uniforme est d'ailleurs une vertu militaire commune à toutes les armées. Prenez au hasard un soldat anglais, français, autrichien, prussien ou russe, et il ne sera pas rare que la poitrine de ce soldat renferme un cœur aussi brave que l'était celui de César. Mais la bravoure froide,—et c'est celle qui caractérise le soldat russe,—peut-être une qualité pour les individus, et n'en est pas une pour les armées ; car elle ne comporte pas cet élan électrique auquel rien ne résiste et qui décide du sort des batailles. Elle n'implique non plus ni cette intelligence précieuse qui devine l'intention du chef au premier coup d'œil, et comprend ses ordres au premier mot. Avec une bravoure impassible, chacun dans une armée reste ce qu'il est : — avec une bravoure inflammable, au contraire, une armée entière s'embrase du feu de l'enthousiasme, et vole à la victoire.

Cela posé, nous disons que ce qui distingue surtout une armée française, c'est l'intelligence de ses soldats, comparée à celle des soldats des autres armées ; c'est la facilité avec laquelle tout chef habile peut les manier, parler à leur âme, exalter leur courage, et les rendre capables, dans une circonstance décisive et suprême, d'accomplir tout ce que le dévoûment à l'honneur et à la patrie a d'héroïque et de sublime.

Né sous un climat doux qui agit puissamment sur son être, le soldat français est essentiellement impressionnable. Dites à des hommes de cette trempe, comme ce commandant cité dans nos fastes militaires : — « Il n'y a que des lâches qui reculent et je n'en connais pas dans mon bataillon ! » — et si ces paroles s'adressent à mille hommes, soyez sûr que pas un ne vous dédira ; — ils vaincront ou ils succomberont, mais ils ne reculeront pas.

C'est qu'en France la parole brûlante qui s'échappe de la bouche d'un chef est comme l'étincelle qui met le feu à la poudre, parce qu'elle tombe dans des âmes ardentes qui s'enflamment aussitôt. Si cette parole tombait dans des cœurs de glace, elle s'éteindrait et disparaîtrait comme une perle brillante qui se perd dans la boue.

Les souverains étrangers illustres dans la guerre, tous ceux qui d'une main habile et forte ont su tenir le sceptre et l'épée, ont reconnu ces vérités et leur ont rendu un éclatant hommage. — « Si j'étais roi de France, disait le grand Frédéric, il ne se tirerait pas un seul coup de canon en Europe sans ma permission. » — « Si j'étais Dieu le père et si j'avais deux fils, disait l'empereur Charles-Quint, je ferais l'aîné Dieu, le second roi de France. »

Si donc l'armée française se mesure avec l'armée russe dans quelque bataille décisive, nous aurons une page illustre de plus à inscrire dans notre histoire déjà si riche de hauts faits, un rayon de plus à ajouter à l'auréole de gloire qui brille au front de la patrie. Les bataillons russes sont nombreux, dit-on, et les bataillons français le sont moins. — Qu'importe? la qualité compense parfois la quantité et au-delà. Un peu d'or, par exemple, vaut mieux que beaucoup de plomb. L'infériorité du nombre? — mais la France a vaincu cent fois dans de telles conditions!

Il existe d'ailleurs une opinion matériellement fausse, mais assez généralement répandue, on ne sait trop pourquoi, sur le compte des forces de la Russie et sur celui des ressources à l'aide desquelles il lui est possible de les alimenter et de les renouveler au besoin.

Soit préméditation, soit orgueil, soit, comme le dit une expression populaire, désir de jeter de la poudre aux yeux de l'Europe émerveillée de tant de puissance, la Russie a depuis quelque temps grossi outre mesure le chiffre de l'effectif de ses forces de terre et de mer. Nous disons le *chiffre* et pour cause, car s'il fallait ranger sur un champ de bataille toutes ces forces si prétentieusement alignées sur du papier, grand serait, on peut en être sûr, le nombre des manquants à l'appel. Que de vaisseaux seraient sans équipages, que de régiments n'auraient que des cadres!

Mais à supposer même, ce que nous n'admettons pas, qu'à la droite des chiffres indiqués, il n'y eût pas, par-ci par là, quelques zéros de trop, que de non-valeurs dans ces chiffres ! que de soldats et de navires y font nombre, et compteraient pour rien ou pour peu au jour de la bataille, balayés qu'ils seraient au premier choc comme la poussière est balayée par la tempête ! Car peut-on compter pour des troupes capables de se mesurer avec les régiments instruits, disciplinés, intrépides, de la France et de l'Angleterre, ces essaims d'ignobles cavaliers, ardents au pillage, mais impropres au combat, qui tourbillonnent autour de l'armée russe comme des nuées d'oiseaux de proie prêts à s'abattre sur les pays vaincus, mais alertes comme des chacals voraces et craintifs, à fuir au moment du danger? Quel cas faire, en un mot, de ces bandes déguenillées auxquelles nous ne saurions trop quel nom donner dans une armée, si le czar Pierre Ier lui-même ne les eût baptisées du nom de hordes sauvages?

De même que l'on a enflé l'effectif des armées de la Russie, on a aussi beaucoup exagéré le chiffre de la population de cet empire composé de pièces et de morceaux, qui depuis deux siècles, il est vrai, a doublé son territoire et depuis cent ans a triplé sa population, au moyen des provinces qu'il a enlevées, en abusant du droit du plus fort, à la Suède, à la Turquie, à la Perse, à la Pologne, etc.

En 1831, à la prise de Varsovie, l'étendue de l'empire russe était de 367,494 milles carrés, et sa population de 56,000,000 d'habitants ainsi répartis :

Tribus du Caucase.	2,000,000
Cosaques, Géorgiens et Kirguiz.	4,000,000
Turcs, Mongols et Tartares. . .	5,000,000
Ouraliens, Finois et Suédois. .	6,000,000
Moskovites du rite grec. . .	16,000,000
Polonais.	23,000,000
Total.	56,000,000

Tels sont pourtant les éléments hétérogènes de cette puissance colossale tant vantée, au milieu desquels domine, comme on le voit, l'élément polonais. La population de l'ancienne Pologne, en effet, compte pour les deux cinquièmes de la population concentrés sur un huitième du territoire, tandis que les Moskovites ne comptent que pour les deux septièmes de la population totale de l'empire, répartis sur un dixième du territoire.

Il suffit de jeter un coup-d'œil sur ce tableau, pour se convaincre qu'il existe sur la carte du monde un *empire de toutes les Russies,* mais qu'à proprement parler il n'y a pas de peuple russe ; car on ne saurait donner ce nom à une agglomération monstrueuse de serfs ignorants et grossiers que tout divise entre eux : origine, mœurs, croyances, langage, et qui n'ont de commun que l'oppression barbare et avilissante sous laquelle ils courbent la tête, les uns par habitude, les autres en rongeant leur frein et en aspirant au jour où il leur sera possible de s'en délivrer.

La Russie, comme l'a dit un écrivain distingué, est une horde campée entre l'Europe et l'Asie sur des terres immenses, incultes, presque inhabitables, formant par leur ensemble quelque chose comme un vaste désert de boue et de glace ; la Russie, en un mot, est un fantôme qui pour prendre corps et chair veut aller à Constantinople. Que l'Europe, si elle a quelque souci de ses destinées futures, se garde bien de l'y laisser atteindre !...

En attendant, que de temps et de difficultés pour recruter des armées dans de telles conditions et dans un tel pays ! pour les réunir des trois parties du monde sur lesquelles l'empire russe étend ses bras gigantesques, en leur faisant traverser des glaces éternelles et des steppes sauvages ! Que de soins et de peine pour dégrossir des serfs métamorphosés en soldats, et les refondre, en quelque sorte, afin de pouvoir les jeter dans le moule militaire et leur en faire prendre l'empreinte ! le tout pour venir un jour, comme à Zurich, à Austerlitz ou à la Moskowa, apprendre par des leçons terribles qu'ils ne sont pas à notre hauteur, et que quand les éléments ne combattent pas pour eux, c'est en vain que pour nous vaincre ils se fient à leur nombre, à leur savoir-faire et à leur courage.

Hélas ! les fils des soldats de Pierre qui tombaient par milliers à Austerlitz,—la bataille des trois empereurs,—sous la foudre de Jean-de-Dieu Soult, ou à la Moskowa sous le sabre du Brave des braves, étaient moins à plaindre, peut-être, que les pauvres serfs restés attachés à la glèbe où ils étaient plus maltraltés qu'un vil bétail. Au moment où le grenadier de la garde impériale russe mourait au champ d'honneur de la mort du soldat, son frère exhalait peut-être son dernier soupir sous le bâton de son seigneur, qui pour s'innocenter de ce crime odieux et lâche, n'avait qu'une simple formalité à remplir : celle de faire signer par un docteur un certificat de mort subite !...

La France opposée seule à la Russie en serait victorieuse ; l'expérience du passé l'atteste, et les soldats auxquels est aujourd'hui confiée la noble mission de soutenir l'honneur de nos armes, se montreront, comme ils l'ont toujours fait, dignes de leurs pères. Que sera-ce donc quand la Russie, qui autrefois avait besoin d'appui pour nous combattre, lorsque nous étions seuls, (appui qui ne nous a pas empêchés de la vaincre dans tant de mémorables journées), se trouvera seule à son tour contre les armées et les flottes réunies de l'Angleterre et de la France? Que sera-ce lorsque la Turquie secondera ces armées avec tout le courage que l'on déploie quand on a son honneur et sa vie à défendre? De quelle émulation, de quel élan irrésistible et de quelle ardeur impétueuse se montreront animées dans l'action ces deux armées autrefois rivales, désormais unies et tendant au même but :—le triomphe du droit et de la justice, le salut de la société européenne, la défense de la civilisation menacée d'une autre invasion des barbares !

Les armées de l'Angleterre et de la France, qui, en se combattant ont appris à s'estimer, eussent pu laisser l'avenir indécis, si, dans la grande question que l'épée va trancher, des intérêts opposés ou des complications politiques en eussent fait deux ennemies ; mais leurs glorieux drapeaux flottent dans le même camp, elles ont les mêmes aspirations généreuses, les mêmes sympathies, le même courage,

elles sont unies, enfin :—elles seront victorieuses.—
Et quand la Russie aura éprouvé les échecs inévitables qui l'attendent sur terre et sur mer, comment pourra-t-elle les réparer ? Des hommes, elle en trouvera en enlevant les paysans aux seigneurs qui en sont propriétaires ; mais le temps lui manquera pour en faire des soldats, et ce ne sera pas avec son papier-monnaie qu'elle parviendra à les équiper. En se fermant les marchés de la France et de l'Angleterre elle s'est privée, en grande partie, des ressources qui alimentaient sa puissance. Elle gardera ses denrées]; avec notre or nous en trouverons ailleurs, et c'est elle qui sera punie. Déjà ses flottes humiliées, retenues captives dans les ports qu'elles n'osent quitter, et où la frayeur des représailles de Sinope les alarme, redoutent l'heure du combat qu'elles savent d'avance devoir être celle de leur défaite ; et quand ces flottes seront dispersées et détruites, qui ravitaillera les armées de la Russie ?

Qui ne sait, au contraire, que la France est un soldat, que l'Angleterre est un matelot, et qu'il suffit de frapper du pied le sol de ces deux pays, pour en faire jaillir des armées et des flottes tout équipées, et prêtes aussitôt que formées à entrer en campagne ?

Mais, entendons-nous dire encore, l'empereur Nicolas est homme de tête et de cœur ; dans plus d'une circonstance grave et même périlleuse de sa vie, il a prouvé qu'il savait unir le courage à la prudence. Or, s'il n'entrevoyait ni chances de succès, ni même d'espérance, il faudrait qu'il fût un insensé pour entreprendre une guerre qu'il saurait d'avance devoir le conduire à sa perte.—L'empereur Nicolas n'est pas un insensé, mais il subit une position fatale qui est la conséquence de son ambition et de son opiniâtreté. Il n'est responsable envers personne, il ne relève que de lui-même, et il ira jusqu'au bout, parce que, habitué à voir tout céder à sa volonté suprême, son orgueil souffrira moins d'une défaite que d'une concession que l'on pourrait croire arrachée dans son cœur à la crainte du danger ou au sentiment de son impuissance.

Gâté par la soumission servile de son entourage et par la facilité avec laquelle sa hauteur orgueilleuse et despotique brise d'habitude les obstacles et les rares velléités de résistance qui peuvent se produire, l'empereur Nicolas a voulu étendre hors des limites de ses états l'impérieuse influence de son autorité. Il avait vu, dans plus d'une circonstance, la sagesse de l'Europe faire des sacrifices au maintien de la paix ; — il a cru que placée en face de

l'alternative de la guerre, l'Europe le laisserait con-
sommer l'accomplissement de ses projets et courbe-
rait la tête sous sa volonté de fer. — Il s'est trompé.

Il avait compté sans la puissance de la France régé-
nérée unie à la puissance de l'Angleterre, pour assurer le triomphe de la cause la plus juste et la plus
sainte qui ait jamais été défendue. Il ne croyait pas
à la sincérité de l'alliance de ces deux nations, divisées, selon lui, par des préjugés, et jalouses l'une
de l'autre.

Il s'attendait à voir les chrétiens sujets du Sul-
tan se soulever en sa faveur, et ceux-ci habitués à
trouver protection et justice sous l'autorité du Sul-
tan, lui sont restés fidèles.

Sa suprématie sur les états du Nord et son as-
cendant naturel sur de jeunes souverains dont les
pères furent ses alliés, lui avaient fait espérer qu'au
jour de la lutte, — si elle s'engageait, — l'Europe
se partagerait en deux camps, et les peuples libé-
raux et éclairés de ces états ont trompé son attente.

Il avait compté, enfin, sans l'opinion publique,
cette reine du monde, et l'opinion publique est aujourd'hui contre lui, parce qu'il est avéré aux yeux
de tous :

Que l'unanimité des peuples et des gouvernements voulait la paix, et que l'empereur de Russie seul a voulu la guerre.

Qu'il l'a voulue pour une cause injuste et qu'il l'a suscitée par des moyens déloyaux, en cachant hypocritement son ambition sous le masque devenu ridicule de son *orthodoxie*.

Qu'abusant de sa force et de sa puissance, il a voulu opprimer le faible.

Que voulant attacher à son nom la gloire d'accomplir la prédiction de Pierre Ier, son aïeul, en subjuguant l'Europe, il n'a reculé devant aucune fraude ni devant aucune violation du droit et de la foi jurée, pour tenter d'y parvenir.

Que dans ce but il a troublé la paix du monde, au moment où l'humanité respirait, la croyant désormais assurée, et lorsque les blessures profondes que la discorde et les révolutions lui avaient faites, commençaient à se cicatriser.

Qu'en attendant le fléau de la guerre et les flots de sang humain qu'il fera couler, sa volonté impie, — la volonté d'un seul homme! — a lâché sur le monde le fléau de la misère en tarissant les sources de la prospérité publique, en brisant l'essor de l'industrie et du commerce, en détruisant la sécurité du présent, la confiance de l'avenir.

—Demandez ces choses aux peuples qui souffrent, et dont toutes les bouches le maudissent!— C'est au point que si sa puissance devenue odieuse depuis que ses projets sont connus, ne s'est pas encore écroulée sous les boulets et sous les bayonnettes de l'Angleterre et de la France, elle a déjà succombé moralement sous le poids de la réprobation universelle. Cette réprobation à laquelle il y avait naguère encore quelques exceptions, s'est généralisée et s'est étendue des peuples aux gouvernements, depuis que la publication des notes confidentielles de l'empereur Nicolas a dessillé les yeux de tout le monde et fait voir aux gouvernements le peu de cas qu'il faisait d'eux, aux peuples, la condition misérable qui leur était réservée si jamais il devenait leur maître.

A l'heure qu'il est, la guerre que l'autocrate a si témérairement provoquée n'est plus entre lui et les rois, elle est entre lui et les peuples qui tous secondent de leurs vœux le succès des armes de l'Angleterre et de la France, et sont prêts à le seconder, s'il le faut, de leur or et de leurs bras. La guerre ainsi nationalisée dans l'Europe, où la Russie peut s'attendre à trouver autant d'ennemis que d'habitants, n'offre plus aucune chance favorable à l'empereur Nicolas : si ses armées y entrent, elles s'exposent à y trouver leur tombeau ; si elles en sortent,

> « La liberté naîtra de la poussière
> Qu'emporteront les pieds de leurs chevaux. »

Quoi qu'il en soit, voici quel sera le résultat de la guerre :

Elle consolidera l'alliance de deux nations puissantes, marchant à la tête de la civilisation, alliance de laquelle dépend le repos du monde.

Elle aura contribué à effacer les traces de nos discordes civiles, en ralliant au moment du danger tous les partis qui ont au cœur l'amour de la patrie.

Elle aura montré à la France ce qu'elle peut attendre d'un gouvernement national, qui, en relevant le principe d'autorité, a su lui rendre aux yeux de l'étranger, le prestige de sa puissance et de son nom.

Elle aura enfin pour résultat immense, l'avantage de faire arriver l'Europe à une paix cimentée sur des bases durables, et que, suivant une expression auguste, « il ne dépendra de personne de troubler impunément. »

E. CH. BOURSEUL